ÜBER DIE PFLICHT
ZUM UNGEHORSAM
GEGEN DEN STAAT

HENRY DAVID THOREAU

ÜBER DIE PFLICHT ZUM UNGEHORSAM GEGEN DEN STAAT

AURABOOKS

– Bibliografische Information der Deutschen Nationalbibliothek –
Die Deutsche Nationalbibliothek verzeichnet diese Publikation in
der Deutschen Nationalbibliografie; detaillierte bibliografische Daten
sind im Internet über http://dnb.d-nb.de abrufbar.

IMPRESSUM

ISBN: 978-3754328194

HENRY DAVID THOREAU:
ÜBER DIE PFLICHT ZUM UNGEHORSAM GEGEN DEN STAAT

Originalausgabe | © 2021/2016 *AuraBooks*
Aus dem Englischen übersetzt von @ Armin Fischer
Lektorat und Umschlaggestaltung: *textkompetenz.net*
Gesetzt aus der Garamond
Herausgeber: *AuraBooks* | eclassica@aurabooks.de
Herstellung und Verlag: BoD – Books on Demand, 22848 Norderstedt
Dieses Buch gibt es auch als eBook, z. B. im amazon Kindle Bookstore

INHALT

Begleitwort...................................6

Über den Autor 8

Über die Pflicht zum Ungehorsam
    gegen den Staat.........................9

Begleitwort

Eine demokratische Wahl legitimiert nicht alles.

THOREAU erinnert eindrücklich daran, dass die Macht einer jeden Regierung eine geborgte ist – dass aber die Regierenden, einmal gewählt, diese Tatsache nur allzu schnell aus den Augen verlieren. Die politische Elite koppelt sich vom Volk ab, handelt maßlos und selbstgerecht, ignoriert jene, die sie nicht gewählt haben – und beginnt sogar jenen zu schaden, die sie gewählt haben. Diese Gefahr besteht nicht nur in autokratischen, sondern ebenso in demokratischen Systemen.

Thoreau: »Die Macht liegt in den Händen des Volkes, und durch eine Wahl wird einer Mehrheit gestattet, für eine gewisse Zeit zu regieren – möglicherweise für eine sehr lange Zeit. Der wahre Grund dafür ist aber nicht, dass sich diese Mehrheit mit großer Wahrscheinlichkeit im Recht befindet, oder dass dies der Minderheit gegenüber am gerechtesten erscheint, sondern schlicht, weil diese Mehrheit der Minderheit physisch überlegen ist. Aber eine Regierung, in der in jedem Fall die Mehrheit entscheidet, kann nicht auf Gerechtigkeit gegründet sein, nicht einmal soweit Menschen Gerechtigkeit begreifen.«

Dennoch, es ist die bestmögliche Regierungsform, die wir kennen. Allerdings nur, wenn die gewählte Mehrheit dafür Sorge trägt, dass die Interessen der gesamten Bevölkerung gewahrt bleiben, nicht nur eines Teils davon. Minderheiten, abweichende Meinungen müssen in den demokratischen Prozess einbezogen werden. Ignoriert eine Regierung diese Tatsache, hat sie auch ihr Recht zu regieren verloren, wie der Fall des ägyptischen Präsidenten Mursi zeigte *(Juli 2013)*, der zwar demokratisch gewählt war, aber nach seiner Wahl einen bedeutenden Teil der Bevölkerung aus seiner Politik ausgegrenzt hat.

Eine demokratische Wahl legitimiert natürlich auch nicht, dass eine Regierung die illegale Geheimüberwachung der eigenen Bevölkerung duldet, und damit die eigene Verfassung bricht – wie es offensichtlich durch englische und amerikanische Geheimdienste stattfindet, mit einem Schwerpunkt in Deutschland. Oder dass ein (ebenfalls demokratisch gewählter) türkischer Despot alle Andersdenkenden verfolgen und willkürlich ins Gefängnis werfen lässt. ´

»Alle Menschen bekennen sich zum Recht auf Revolution; dass heißt zu dem Recht, der Regierung die Gefolgschaft zu verweigern und ihr Widerstand zu leisten, wenn ihre Tyrannei oder ihre Untüchtigkeit zu groß und unerträglich werden. Aber fast alle sagen, das sei zur Zeit nicht der Fall.«

Machtbesessene, arrogante und vom Volk entkoppelte Politiker, die in solche Machenschaften verstrickt sind, sollten Thoreau heute als Pflichtlektüre lesen – und sich gewahr werden, dass die Balance, auf die sie ihre Regierungsmacht aufgebaut haben, eine empfindliche ist. Wenn demokratische Instrumente versagen, wenn die Regierung zu Handlangern von Rechtsbrechern wird, kann das Volk seine Meinung, es sei nicht die Zeit für eine Revolution, durchaus ändern.

»[Es gibt] Menschen, die sogar die Frage der Freiheit hinter der des Freihandels zurückstellen. [...] Sie zaudern, und sie bedauern, und manchmal unterschreiben sie eine Petition. Aber sie tun nichts, das ernsthaft Wirkung zeigt.«

Die »Freiheit hinter der des Freihandels zurückstellen« – genau das tut heute auch die Europäische Union, wenn sie mit den USA über ein Freihandelsabkommen verhandelt, und dabei die globale Bespitzelung durch die NSA und andere Geheimdienste verharmlost oder sogar ignoriert. Thoreau könnte aktueller nicht sein!

Er rät uns, tätig zu werden. Uns nicht mit austauschbaren Politik-Marionetten zufrieden zu geben. Aufzustehen und unsere eigenen Interessen zu vertreten. Er führt uns vor Augen, dass das ›Richtige‹, das ›Gute‹ und ›Humane‹ wichtiger sind als das formaljuristisch Korrekte. Er ermutigt uns, politische Menschen zu sein, statt nur ›Untertanen‹. Und er bestärkt uns darin, dass Änderungen des politischen Systems, so verkrustet es sein mag, möglich sind.

»Lege in deine Stimme dein ganzes Gewicht, wirf nicht nur einen Papierzettel, sondern alles was du hast, in die Waagschale. Eine Minderheit ist machtlos, wenn sie sich der Mehrheit anpasst; sie ist dann noch nicht einmal eine Minderheit. Unwiderstehlich aber ist sie, wenn sie ihr ganzes Gewicht einsetzt.«

© Armin Fischer, Redaktion AuraBooks, 2016

Über den Autor

HENRY DAVID THOREAU wurde am 12. Juli 1817 in Concord, Massachusetts, als Sohn eines Bleistiftfabrikanten geboren und studierte von 1833 bis 1837 an der Harvard University. Für kurze Zeit arbeitete er als Lehrer an der Public School in Concord, überwarf sich aber bald mit der Schulleitung – z. B. weil er die Prügelstrafe ablehnte. 1841 lernt er den Literaten Ralph Waldo Emerson kennen, der ein Freund und Förderer für ihn werden wird. 1843 bis 1845 lebt Thoreau allein und naturverbunden in einer Blockhütte am Waldensee bei Concord. 1849 erscheint der heute berühmte Essay ›Über die Pflicht zum Ungehorsam gegen den Staat‹, 1854 wird ›Walden, oder Leben in den Wäldern‹ publiziert.

In den folgenden acht Jahren setzt sich Thoreau mit all seinen Möglichkeiten für die Beendigung der Sklaverei ein und unterstützt den Bürgerrechtler John Brown. Thoreau stirbt bereits am 6. Mai 1862, im Alter von nur 44 Jahren, an Tuberkulose. – Im gleichen Jahr wird die Sklaverei in der Hauptstadt Washington aufgehoben. Drei Jahre später, nach dem Ende des Bürgerkriegs, ist die Sklaverei in allen US-Bundesstaaten abgeschafft.

Mahatma Gandhi verteilte ›Über die Pflicht zum Ungehorsam gegen den Staat‹ unter seinen Schülern, später wurde die Schrift in der französischen Widerstandsbewegung gegen Hitlerdeutschland gelesen. In den sechziger Jahren beeinflussten Thoreaus Gedanken die Bürgerrechtsbewegungen, ebenso wie die Hippie-, Friedens- und Umweltbewegung der Siebziger und Achtziger. Und auch heute hat Thoreaus Schrift nichts von ihrem Wert und ihrer Aktualität verloren.

Über die Pflicht zum Ungehorsam gegen den Staat

VON HERZEN GERN stelle ich das Motto voran: »Jene Regierung ist die beste, die am wenigsten regiert.«[1] Und ich wünschte, es würde schneller und systematischer danach gehandelt. Hält man sich daran, läuft es darauf hinaus – woran ich ebenfalls glaube, nämlich: »Die beste Regierung ist jene, die überhaupt nicht regiert!« Und wenn die Menschen reif dafür sind, wird dies tatsächlich die Form der Regierung sein, die sie haben werden. Eine Regierung ist bestenfalls ein zureichender Notbehelf, aber die meisten Regierungen sind immer – und alle sind manchmal – unzureichend.

Die Einwände, die gegen ein stehendes Heer vorgebracht worden sind[2] – und es sind viele und gewichtige vorgebracht worden, die es verdienen, sich durchzusetzen –, können letztlich ebenso gegen eine ständige Regierung vorgebracht werden. Das stehende Heer ist nur ein Arm der ständigen Regierung. Diese Regierung aber, die nichts weiter als die Form ist, welche das Volk zur Ausführung seines Willens gewählt hat, kann leicht missbraucht und verdorben werden, noch bevor das Volk Einfluss darauf haben kann. Das beweist etwa der mexikanische Krieg (1849)[3] das Werk verhältnismäßig Weniger, die sich der Regierung als ihres Werkzeuges bedienten; denn das Volk hätte dieser Vorgehensweise von Anfang an niemals zugestimmt.

Die amerikanische Regierung – was ist sie weiter als eine Tradition, allerdings eine gegenwärtige, die sich bemüht, sich selbst ohne Machteinbuße an die Nachwelt weiterzugeben – dabei aber in jedem Augenblick ein wenig von ihrer Glaubwürdigkeit verliert. Sie hat nicht die Dynamik und Kraft eines einzelnen Mannes, denn ein

---

[1] ›That government is best which governs least‹: Das Motto der Zeitschrift ›United States Magazine and Democratic Review‹, 1837-1859

[2] Die Frage der Einführung einer Berufsarmee wurde damals heftig diskutiert

[3] Der mexikanisch-amerikanische Krieg von 1846 bis 1848

einziger Mann kann sie seinem Willen unterwerfen. Sie ist eine Art schwaches Holzgewehr für das Volk; aber sie ist dennoch notwendig, denn das Volk braucht irgendeine komplizierte Maschinerie oder etwas in der Art, und muss ihren Radau hören, um seine Vorstellung von Regierung zu befriedigen. Regierungen zeigen uns, wie erfolgreich Menschen eingeschränkt werden können und sich sogar freiwillig Beschränkungen auflegen, wenn es ihrem Vorteil dient.

Das ist eindrucksvoll, muss man zugeben. Und doch hat diese Regierung von sich aus noch nie ein Unternehmen auf eine andere Weise vorangebracht als durch ihre Bereitwilligkeit, ihm aus dem Wege zu gehen. Sie bewahrt nicht die Freiheit des Landes. Sie besiedelt den Westen nicht. Sie erzieht nicht. Alles was erreicht wurde, verdanken wir dem ureigenen Charakter des amerikanischen Volkes; und der würde mehr ausgerichtet haben, wenn die Regierung nicht so oft im Wege gestanden hätte. Denn die Regierung ist ein Notbehelf, mit dessen Hilfe sich die Menschen gegenseitig in Ruhe lassen *[friedlich koexistieren]* können; und sie ist, wie gesagt, um so nützlicher, je mehr die Regierten von ihr in Ruhe gelassen werden. Wenn Handel und Wirtschaft nicht gleichsam aus Gummi wären, könnten sie niemals die Hindernisse überwinden, welche die Gesetzgeber ihnen unaufhörlich in den Weg legen. Wenn man diese Leute nur nach den Auswirkungen ihres Handelns und nicht teilweise auch nach ihren Absichten beurteilte, dann verdienen sie, zusammen mit jenem Gesindel eingestuft und bestraft zu werden, welches Blockaden auf Eisenbahnschienen legt.

Um es sachlich und als guter Bürger zu sagen, anders als diejenigen, die sich Anarchisten nennen: Ich fordere nicht sofort die Auflösung der Regierung, aber sofort eine bessere Regierung. Jedermann sollte kundtun, welche Art von Regierung seinen Respekt genießt – das wäre bereits ein Schritt auf dem Weg, genau diese zu bekommen.

Die Macht liegt in den Händen des Volkes, und durch eine Wahl wird einer Mehrheit gestattet, für eine gewisse Zeit zu regieren – möglicherweise für eine sehr lange Zeit. Der wahre Grund dafür ist aber nicht, dass sich diese Mehrheit mit großer Wahrscheinlichkeit im Recht befindet, oder dass dies der Minderheit gegenüber am gerechtesten erscheint, sondern schlicht, weil diese Mehrheit der Minderheit physisch überlegen ist. Aber eine Regierung, in der in jedem Fall die Mehrheit entscheidet, kann nicht auf Gerechtigkeit gegründet sein, nicht einmal soweit Menschen Gerechtigkeit begreifen. Warum kann es nicht eine Regierung geben, in der nicht die Mehrheit über falsch und richtig befindet, sondern das Gewissen? – In der die Mehrheit nur solche Fragen entscheidet, für die das Gebot der Nützlichkeit gilt? Sollte der Bürger auch nur einen Augenblick, auch nur für eine Winzigkeit, sein Gewissen dem Gesetzgeber überantworten? Wozu hätte denn jeder Mensch ein Gewissen?

Ich glaube, wir sollten in erster Linie Menschen sein, und dann erst Untertanen. Es ist nicht so sehr erstrebenswert, den Respekt vor dem Gesetz zu kultivieren, als den Respekt vor dem Richtigen. Die einzige Verpflichtung, die ich auf mich zu nehmen das Recht habe, ist die, jederzeit tun zu können, was *ich* für recht halte. Es ist deutlich genug gesagt worden, dass eine Gesellschaft kein Gewissen habe. Jedoch eine Gesellschaft von gewissenhaften Menschen ist eine Gesellschaft mit einem Gewissen.

Das Gesetz hat die Menschen nie auch nur eine Spur redlicher gemacht, und wegen ihres Respekts dem Gesetz gegenüber werden auch die Wohlgesinnten täglich zu Handlangern des Unrechts. Ein gewöhnliches und natürliches Ergebnis dieses ungebührlichen Respektes vor dem Gesetze ist es zum Beispiel, wenn du eine Reihe Soldaten – Oberst, Hauptmann, Korporal, Infanteristen, Pulverjungen und all die anderen –, in bewundernswerter Ordnung über Berg und Tal in den Krieg ziehen siehst; gegen ihren Willen, ja, gegen ihren gesunden Menschenverstand und ihr Gewissen, was ihren Pfad in der Tat zu einem steilen macht und ihnen Herzrasen verursacht. Sie zweifeln nicht daran, dass es ein übles Geschäft ist, auf das sie sich da eingelassen haben, und sie sind eigentlich alle friedlich gesinnt. Nun, was sind sie? Menschen etwa? Nicht eher kleine bewegliche Festungen und Waffenlager im Dienste irgendeines skrupellosen Kerls, der gerade die Macht hat?

Gehe einmal zu einem Marinehafen und schau dir einen Soldaten an; einen Mann, wie ihn nur die amerikanische Regierung hervorbringen kann, wie sie ihn quasi mit schwarzer Magie zustande bringt, – ein bloßer Schatten, ein schwacher Abklatsch eines leibhaftigen Menschen; ein Mann, lebendig und stehend aufgebahrt, doch sozusagen schon unter Waffen und mit militärischen Ehren begraben, obgleich es auch sein könnte:

»Keine Trommel war zu hören, kein Abschiedslied,

Als wir eilig seinen Körper zur Grube trugen;

Kein Soldat gab einen Abschiedsschuss

Über dem Grab, in dem wir unsern Helden begruben.«

[»Not a drum was heard, not a funeral note,

As his corpse to the rampart we hurried;

Not a soldier discharged his farewell shot

O'er the grave where our hero was buried.«][4]

Die Mehrzahl der Menschen dient dem Staat vorwiegend nicht als Menschen, sondern mit ihren Körpern als Arbeitsmaschinen; sie sind die Armee, die Polizisten, Gefängniswärter, Schutzleute und so weiter. In den meisten Fällen bleibt da kein Raum mehr für eigenes Urteil oder moralisches Gefühl; sie stehen auf derselben Stufe wie Holz und Erde und Steine; vielleicht könnte man Holzfiguren fabrizieren, die den selben Zweck erfüllen. Sie verdienen nicht mehr Respekt, als Vogelscheuchen oder ein Dreckklumpen. Sie haben den gleichen Wert wie ein Pferd oder ein Hund. Und doch schätzt man diese gewöhnlich als gute Bürger ein. Andere, wie die meisten Gesetzgeber, Politiker, Advokaten, Pfarrer und Würdenträger, dienen dem Staat vor allem mit ihren Köpfen; doch weil sie selten moralische Urteile zu treffen wagen, könnten sie – ohne es zu wollen – ebenso gut dem Teufel dienen wie Gott. Nur wenige – Helden, Patrioten, Märtyrer, Reformer im wahren Sinne – dienen dem Staat auch mit dem Gewissen, weshalb sie sich ihm, dem Staat, oft widersetzen müssen; und sie werden gewöhnlich von ihm als Feinde behandelt.

---

[4] *Die erste Strophe des Gedichtes ›The Burial of Sir John More after Corunna‹ von Charles Wolfe (1791-1823)*

Ein Weiser wird immer nur als Mensch dienlich sein wollen, er wird sich nicht dazu hergeben, »Füllmaterial« zu sein, um »ein Loch zu stopfen und den Wind draußen zu halten«[5], sondern er wird diese Aufgabe seinem Staub überlassen:

> *»Ich bin zu hoch geboren, um Eigentum,*
> *um der zweite Mann am Steuer zu sein,*
> *oder ein nützlicher Dienstmann oder Handlanger,*
> *für irgendeine Macht auf dieser Erde.«*
>
> *[»I am too high born to be propertied,*
> *To be a second at control,*
> *Or useful serving-man and instrument*
> *To any sovereign state throughout the world.«][6]*

Wer sich ganz den Mitmenschen hingibt, erscheint ihnen nutzlos und selbstsüchtig; aber derjenige, der sich ihnen nur partiell widmet, den nennt man Wohltäter und Menschenfreund.

Wie also soll sich ein Mensch heutzutage gegenüber der amerikanischen Regierung verhalten? Ich antworte, dass man sich nicht ohne Schande mit ihr einlassen kann. Nicht für einen Augenblick kann ich eine politische Organisation als meine Regierung anerkennen, die zugleich auch Sklavenhalterin ist.

Alle Menschen bekennen sich zum Recht auf Revolution; dass heißt zu dem Recht, der Regierung die Gefolgschaft zu verweigern und ihr Widerstand zu leisten, wenn ihre Tyrannei oder ihre Untüchtigkeit zu groß und unerträglich werden. Aber fast alle sagen, das sei zur Zeit nicht der Fall. Aber es sei während der 1775er Revolution[7] der Fall gewesen. Wenn mir jetzt jemand damit

---

[5] *Shakespeare (1564-1616), Hamlet, 5. Akt, 1. Szene: »Der große Cäsar, tot und Lehm geworden, verstopft ein Loch wohl vor dem rauen Norden.« (Übersetzung August Wilhelm Schlegel)*

[6] *Shakespeare, König Johann, 5. Akt, 2. Szene, Übersetzung A. W. Schlegel*

[7] *1775 begann der amerikanische Unabhängigkeitskrieg. Er führte zur Loslösung der dreizehn amerikanischen Kolonien von der britischen Kolonialmacht und schließlich zur Gründung der Vereinigten Staaten.*

käme, die damalige Regierung sei schlecht gewesen, weil sie gewisse ausländische Waren besteuerte, die in ihren Häfen ankamen, dann würde ich kein großes Lamento darüber anstimmen, denn ich kann ohne diese Waren gut auskommen.

Jedes Laufwerk hat seine Reibung; und hoffentlich tut es genug Gutes, um das Böse [die Reibung] auszugleichen. Jedenfalls wäre es unsinnig, darüber großes Aufhebens zu machen. Aber wenn umgekehrt die Reibung ihr eigenes Laufwerk hat, wenn Unterdrückung und Räuberei organisiert sind, dann sage ich: Behalten wir solch ein Laufwerk nicht länger! Mit anderen Worten, wenn ein Sechstel der Bevölkerung einer Nation, die sich selbst als Hort der Freiheit versteht, versklavt ist – und wenn ein ganzes Land widerrechtlich überrannt, von einer fremden Armee erobert und dem Kriegsrecht unterstellt wird, dann, meine ich, ist es nicht zu früh für ehrliche Leute, aufzustehen und zu rebellieren. Und was diese Pflicht noch dringender macht, ist die Tatsache, dass nicht etwa das überrannte Land das unsere ist, sondern die einfallende Armee die unsere.

Paley[8], eine anerkannte Autorität in moralischen Fragen, führt in seinem Kapitel über die »Pflicht zur Unterwerfung unter die Staatsgewalt« alle Bürgerpflichten auf Zweckmäßigkeit zurück; dann fährt er mit den Worten fort: »Solange das Interesse der ganzen Gesellschaft es erfordert, das heißt, solange man sich der bestehenden Regierung nicht widersetzen und sie nicht ohne Unbequemlichkeit verändern kann, ist es der Wille Gottes, dass man der bestehenden Regierung gehorcht – aber auch nicht länger. Folgt man diesem Prinzip, dann kann man die Berechtigung jedes einzelnen Falles von Widerstand errechnen: die Abwägung der Größe der Gefahren und Missstände auf der einen, und den Erfolgschancen und Kosten diese zu beheben auf der anderen Seite.« Diese Abwägung sagt er, solle jedermann für sich selbst treffen. Aber Paley hat anscheinend niemals über jene Fälle nachgedacht, auf die man das Gesetz der Zweckmäßigkeit nicht

---

[8] *William Paley (1743-1805), britischer Theologe und Philosoph. Thoreau zitiert aus seinem 1785 verfassten Hauptwerk ›Grundsätze der Moral und Politik‹.*

anwenden kann. Jene Fälle, in denen ein Volk, ebenso wie der Einzelmensch, Gerechtigkeit üben muss, koste es, was es wolle. Wenn ich einem Ertrinkendem ungerechterweise die Holzplanke entrissen habe, mit der er sich über Wasser gehalten hat, muss ich sie ihm zurückgeben, selbst wenn ich dabei selbst untergehe. Das wäre, Paley zu folge, eine ›Unbequemlichkeit‹. Wer aber in solcher Lage sein Leben rettet, der wird es verlieren.[9] Dieses Volk muss aufhören, Sklaven zu halten und gegen Mexiko Krieg zu führen, selbst wenn es seine Existenz als Volk koste.

In der Praxis verfahren die Nationen nach Paleys Rezept, aber glaubt tatsächlich irgendjemand, dass Massachusetts in der gegenwärtigen Krise uneingeschränkt richtig handelt?

»Ein miserables Land,

eine Hure im Silberkleid,

Lässt sich die Schleppe tragen,

und die Seele schleift im Schmutz.«

[»A drab of stat,

a cloth-o'-silver slut,

To have her train borne up,

and her soul trail in the dirt.«][10]

Die Gegner einer Reform in Massachusetts sind in Wirklichkeit nicht hunderttausende Politiker im Süden[11], sondern hunderttausend Krämer und Bauern bei uns, die mehr an Handel und Landwirtschaft interessiert sind, als an Menschlichkeit; und die nicht bereit sind, den Sklaven und dem Lande Mexiko Gerechtigkeit widerfahren zu lassen, koste es, was es wolle. Ich kämpfe nicht gegen Feinde an, die weit weg sind, sondern gegen die Feinde hier, in der Heimat, die als Fürsprecher mit den Regierenden im Süden

---

[9] *Zitat aus der Bibel, Lukas 9, Vers 24*

[10] *Cyril Tourneur (1575-1626), Tragödie der Rächer, 4. Akt, 4. Szene*

[11] *In den landwirtschaftlich geprägten Südstaaten wurde die Sklaverei deutlich stärker befürwortet als im Norden. Erst mit dem Sieg im Sezessionskrieg (1861-1865) setzten die Nordstaaten schließlich die Abschaffung der Sklaverei durch.*

zusammenarbeiten – ohne die sie machtlos wären. Wir sagen oft, die Masse der Menschen sei träge und unreif; aber Verbesserung geschieht deshalb so langsam, weil die ›Wenigen‹ nicht wesentlich besser oder klüger sind als die ›Vielen‹. Es ist nicht so wichtig, dass die große Menge der Menschen ebenso gut ist wie du, sondern dass es überhaupt irgendwo uneingeschränkte Güte gibt; denn schon ein bisschen Hefe wird den Teig aufgehen lassen.[12]

Es gibt Tausende, die im Prinzip gegen Krieg und Sklaverei sind und die doch praktisch nichts unternehmen, um sie zu beseitigen. Die sich selbst Kinder von Washington und Franklin nennen, schweigen ruhig, mit den Händen in den Hosentaschen; sie sagen, sie wüssten nicht, was zu tun sei, und tun eben auch nichts. Menschen, die sogar die Frage der Freiheit hinter der des Freihandels zurückstellen. Nach dem Essen lesen sie in aller Ruhe die Börsenkurse zugleich mit den schlimmen Nachrichten aus Mexiko, und schlafen vielleicht über der Lektüre ein. Wie hoch steht heute wohl der Kurs für einen Ehrenmann und Patriot? Sie zaudern, und sie bedauern, und manchmal unterschreiben sie eine Petition. Aber sie tun nichts, das ernsthaft Wirkung zeigt. Sie werden warten, wohl situiert, dass andere den Missstand abstellen, damit sie sich nicht mehr länger dafür entschuldigen müssen. Schließlich geben sie irgendwann bei der Wahl eine billige Stimme ab, als schwache Befürwortung des Richtigen, einen beiläufigen Segenswunsch, das kostet nicht viel, das reicht ihnen. Es kommen neunhundertneunundneunzig Tugendwächter auf einen tugendhaften Mann. Aber es ist besser, mit dem wirklichen Besitzer einer Sache zu verhandeln als mit ihrem zeitweiligen Verwalter.

Alle demokratische Wahlen sind eine Art Spiel, wie Schach oder Backgammon, nur mit einem winzigen moralischen Beigeschmack, ein Spiel um Recht und Unrecht, um moralische Fragen; und üblicherweise schließt man auch Wetten darauf ab. Der Charakter des Wählers ist nicht gefordert. Ich gebe meine Stimme ab, mehr oder weniger zufällig, wie es mir recht erscheint; aber ich bin nicht wirklich engagiert dafür, dass das Richtige sich durchsetzt. Das

---

[12] *Zitat aus der Bibel, 1. Korinther 5, Vers 6*

überlasse ich willfährig der Mehrheit. Das Wahlergebnis geht deshalb nie über die Zweckmäßigkeit hinaus. Selbst für das Richtige stimmen heißt noch lange nicht, etwas dafür zu tun. Es drückt anderen gegenüber nur den schwachen Wunsch aus, dass es sich durchsetzen möge. Ein weiser Mensch wird das Richtige nicht der Gnade des Zufalls überlassen, noch wird er hoffen, dass es sich durch die Kraft der Mehrheit durchsetzt. Es ist nur wenig Tugend in den Handlungen der Massen. Wenn die Mehrheit schließlich für die Beseitigung der Sklaverei stimmen wird, dann, weil sie eigentlich der Sklaverei gegenüber indifferent ist, oder, weil es dann kaum noch Sklaverei geben wird, die durch ihre Stimme beseitigt werden könnte. Sie werden dann die einzigen Sklaven sein. Nur wer seine eigene Freiheit dafür einsetzt, kann mit dieser Stimme die Befreiung der Sklaven vorantreiben.

Ich hörte, dass man in Baltimore oder sonst wo einen Kongress abhalten will, um einen Präsidentschaftskandidaten zu wählen; hauptsächlich Journalisten und Berufspolitikern treffen sich dort; aber was bedeutet schon ihre Entscheidung für unabhängige, kluge und anständige Menschen? Sollten wir nicht auch von ihrer Weisheit und Ehrlichkeit profitieren? Können wir nicht wenigstens auf einige unabhängige Wählerstimmen rechnen? Gibt es in diesem Land nicht zahlreiche Menschen, die solche Versammlungen gar nicht besuchen?

Aber nein: Der sogenannte aufrechte Mann rückt eiligst von seiner bisherigen politischen Position ab und verzweifelt an seinem Land, obwohl das Land mehr Grund hat, an ihm zu verzweifeln. Auf der Stelle schluckt er einen vorgegebenen Kandidaten als den einzig verfügbaren – und stellt damit unter Beweis, dass er selbst verfügbar ist für jeden Zweck der Demagogie. Seine Stimme ist nicht mehr Wert als die eines gleichgültigen Fremden oder eines bezahlten Ureinwohners, den man für sein Votum gekauft hat. Ja, ein Mann der wirklich einer ist, hat ein Rückgrat, durch das du – wie mein Nachbar es sagt – deine Hand nicht schieben kannst!

Unsere Statistiken sind falsch, die Bevölkerungszahl wird zu hoch angegeben. Wie viele echte Männer gibt es in diesem Land auf tausend Quadratmeilen? Kaum einen. Gibt Amerika denn keine

Anreize für Männer, sich hier anzusiedeln? Der Amerikaner hat sich zu einem komischen Kauz [*Odd Fellow*] zurückentwickelt, der sich durch seinen ausgeprägten Herdentrieb, seinen Mangel an Verstand und seine fröhliche Selbstgefälligkeit auszeichnet; dessen erstes und Hauptanliegen es ist, wenn er in die Welt tritt, zu sehen, ob die Armenhäuser auch in gutem Zustand sind; und noch bevor er alt genug ist, um Männerkleidung zu tragen, sammelt er für einen Fonds zur Unterstützung von zukünftigen Witwen und Waisen. Kurz, der es nur mit Hilfe einer Versicherungsgesellschaft, die ihm ein anständiges Begräbnis versprochen hat, riskiert, zu leben.

Es ist natürlich nicht die Pflicht eines Mannes, sich der Ausrottung eines jeden Übels zu widmen, selbst nicht des schlimmsten. Er kann sich auch anderen Angelegenheiten mit Anstand widmen; aber er hat zumindest die Pflicht, sich nicht mit dem Unrecht einzulassen; und wenn er schon keinen Gedanken daran verschwenden will, es wenigstens nicht praktisch zu unterstützen. Wenn ich mich schon anderen Vorlieben und Betrachtungen widmen möchte, dann muss ich mindestens darauf achten, dass ich sie nicht auf den Schultern eines anderen Mannes sitzend verfolge. Ich muss von ihm heruntersteigen, damit auch er sich seinen Bestrebungen widmen kann.

Aber sieh nur, welche großen Ungereimtheiten [*inconsistency*] man hinnimmt. Ich habe ein paar Nachbarn reden hören: »Sie sollen nur kommen und mir befehlen, den Sklavenaufstand zu unterdrücken oder gegen Mexiko zu marschieren – und wir werden ja sehen, ob ich es täte!« Und doch haben diese Leute, jeder, entweder direkt durch ihre Obrigkeitshörigkeit oder doch zumindest indirekt, durch ihr Steuergeld, einen Stellvertreter geschickt. Der Soldat, der sich weigert, in einen ungerechten Krieg zu ziehen, wird genau von jenen bejubelt, die sich nicht weigern, die ungerechte Regierung aufrecht zu erhalten, die diesen Krieg führt; genau solche Leute, deren Handlungen und Autorität der Soldat ignoriert und für nichtig erklärt. Es ist geradeso, als ob der Staat so reumütig sei, jemanden anzuheuern, der ihn schlägt während er sündigt, aber nicht so reumütig, auch nur einen Moment mit dem Sündigen aufzuhören. So werden wir, im Namen von Recht und Ordnung, dazu gebracht, unserer eigenen Bösartigkeit zu huldigen und sie zu unterstützen. Nach der ersten Scham vor der Sünde kommt schon die Gleichgültigkeit; war es zuerst nur indifferent, wird es dann unmoralisch, und das ist nichts weiter als konsequent, bei dem Leben, das wir führen.

Gerade den größten und am weitest verbreiteten Fehler aufrechtzuerhalten, benötigt selbstlose Tugend zur Aufrechterhaltung. Diesem falschen Denken, dem gewöhnlich die Tugend des Patriotismus anhaftet, verfallen gerade die Edlen am leichtesten. Menschen, die zwar den Charakter und die Maßnahmen der Regierung missbilligen, ihr aber gleichwohl loyale Gefolgschaft leisten, sind zweifellos ihre gewissenhaftesten Unterstützer – und somit oft die größten Hindernisse einer Reform. Einige schreiben Petitionen an den Staat, er möge doch die Union auflösen und die Anordnungen des Präsidenten ignorieren. Warum lösen sie sie nicht selbst auf – nämlich die Union zwischen sich und dem Staat, etwa in dem sie sich weigern, ihren Anteil in die Staatskasse einzuzahlen? Stehen sie denn zu ihrem Staat nicht in demselben Verhältnis, in dem der Staat zur Union steht? Und haben nicht den Staat die gleichen Gründe daran gehindert, sich der Union zu widersetzen, die sie selbst gehindert haben, dem Staat zu widerstehen?

Wie kann jemand sich lediglich damit zufrieden geben, eine Meinung zu haben? Liegt denn irgendeine Befriedigung darin, die Meinung zu haben, ungerecht behandelt zu werden? Wenn dein Nachbar dich auch nur um einen Dollar betrügt, dann genügt es dir nicht, zu wissen, dass du betrogen worden bist, auch nicht, zu sagen, dass du betrogen wurdest; und auch nicht, ihm eine ›Petition‹ zuzustellen, er möge seine Schuld zurückzahlen; sondern du wirst sofort wirksame Schritte einleiten, um die volle Summe zurückzubekommen und sicherstellen, dass du nicht noch einmal betrogen werden kannst.

Wer nach Gewissensgrundsätzen handelt, das Recht wahrnimmt und es in Taten umsetzt, verändert die Dinge und Verhältnisse; solches Verhalten im Wesen nach revolutionär, es verharrt nicht bei den Zuständen der Vergangenheit. Es trennt nicht nur Staaten und Kirchen, es spaltet Familien. Ja, es spaltet den Einzelmenschen, indem es das Teuflische in ihm vom Göttlichen scheidet.

Es gibt ungerechte Gesetze: Sollen wir uns damit abfinden, ihnen zu gehorchen, oder sollen wir es auf uns nehmen, sie zu verbessern, und ihnen nur so lange gehorchen, bis wir sie verbessert haben; oder sollen wir sie vielleicht sofort übertreten? Die Leute glauben im allgemeinen, bei einer Regierung, wie wir sie zur Zeit haben, sollten sie warten, bis sie die Mehrheit von den Änderungen überzeugt haben. Wenn sie Widerstand leisteten, so glauben sie, wäre die Kur schlimmer als die Krankheit selbst. Aber es ist die Regierung, die allein schuld hat, dass die Kur tatsächlich schlimmer als die Krankheit ist. Sie macht sie schlimmer. Warum ist sie nicht fähiger, Reformen vorherzusehen und einzuleiten? Warum schätzt sie nicht ihre weisen Minderheiten? Warum schreit und schlägt sie um sich, bevor es richtig weh tut? Warum ermutigt sie die Bürger nicht, ihre Fehler aufzuzeigen und ihr damit Gutes zu tun – anders als an ihnen, den Bürgern, getan wurde? Warum wird Christus immer aufs neue gekreuzigt, werden Kopernikus und Luther exkommuniziert und Washington und Franklin noch immer zu Rebellen erklärt?

Es scheint, dass eine bewusste und aktive Verleugnung ihrer Staatsgewalt der einzige Angriff ist, auf den eine Regierung nicht gefasst ist; oder warum sonst hält sie dafür keine angemessene Strafe bereit? Wenn ein Mann, der nichts besitzt, sich nur ein einziges mal weigert, für den Staat neun Schillinge zu verdienen *[Steuern zu bezahlen]*, steckt man ihn dafür für eine Zeit ins Gefängnis, die durch kein mir bekanntes Gesetz befristet ist; sondern nur durch das Gutdünken derer begrenzt wird, die ihn dort hingebracht haben; hätte er aber neunzig mal neun Schillinge vom Staat *gestohlen*, dann wäre er bald wieder auf freiem Fuß.

Wenn die Ungerechtigkeit nur eine unvermeidliche Folge der Reibung der Regierungsmaschine ist, dann lasst es in Gottes Namen dabei: Irgendwann wird sich das einspielen – zumindest wird die Maschine ausleiern. Wenn die Ungerechtigkeit eine einzige bestimmte Quelle hat, eine Feder oder einen Antriebsriemen oder eine Kurbel, dann kannst du darüber nachdenken, ob die Kur wohl nicht schlimmer als das Übel ist. Aber wenn ein ungerechtes Gesetz dich zum Werkzeug des Unrechts einem anderen gegenüber macht, dann, sage ich: Brich das Gesetz. Mach dein Leben zu einem Gegengewicht, um diese Maschine aufzuhalten. Was ich tun muss, ist acht zu geben, dass ich nicht selbst zum Werkzeug jenes Unrechts werde, das ich verdamme.

Was die Auswege angeht, welche der Staat angeblich bietet, um das Übel zu heilen, so sind mir solche Auswege nicht bekannt. Sie sind zu langwierig, und ein Menschenleben würde dafür nicht ausreichen. Ich habe schließlich noch andere Angelegenheiten, um die ich mich kümmern muss. Ich bin nicht in erster Linie in diese Welt gekommen, um sie zu einem besseren Platz zu machen, sondern, um darin zu leben, sei sie nun gut oder schlecht. Ein Mensch soll nicht *alles* tun, sondern *etwas*; und weil er nicht alles tun kann, soll er nicht ausgerechnet etwas Unrechtes tun. Meine Sache ist es nicht, mehr Bittschriften an den Gouverneur oder an den Gesetzgeber zu richten als diese an mich; und wenn sie dann meine Bitten gar nicht anhören wollten, was sollte ich dann tun? Aber für so einen Fall hat der Staat eben keinen Ausweg vorgesehen; die Verfassung selbst beinhaltet schon das Übel. Das mag schroff und stur und unversöhnlich klingen; aber diese Haltung verdient, dass ihr mit der größtmöglichen Achtung und dem größtmöglichen Verständnis begegnet wird. Es ist wie in der Biologie: Jede Wende zum Besseren erschüttert zunächst den Körper in Krämpfen, ebenso wie Geburt und Tod.

Ohne zu zögern sage ich, dass die, welche sich Abolitionisten[13] nennen, unverzüglich der Regierung von Massachusetts komplett ihre Unterstützung versagen sollten, sowohl mit ihrer Person wie mit ihren Finanzen; sie sollen nicht warten, bis sie die Mehrheit von einer Stimme haben, damit das Recht dadurch die Oberhand gewinnt. Ich finde, es reicht, wenn sie Gott auf ihrer Seite haben, auf die eine fehlende Stimme brauchen sie nicht zu warten. Im übrigen begründet bereits jeder, der mehr im Recht ist als seine Nachbarn, diese Mehrheit von einer Stimme.

---

[13] *Abolitionismus: Bewegung zur Abschaffung der Sklaverei.*
Thoreau unterstützte sie mit Vorträgen und Schriften

Ich begegne dieser amerikanischen Regierung, oder vielmehr ihrer Vertretung, der Regierung dieses Bundesstaates, unmittelbar und von Angesicht zu Angesicht nur einmal im Jahr – nicht öfter –, und zwar in der Person des Steuereintreibers; das ist die einzige Art und Weise, in der ein Bürger wie ich ihr zwangsläufig begegnet; und dann sagt sie klar und deutlich: Erkenne mich an! Nun, dann ist in der gegenwärtigen Lage die einfachste und effektivste Art mit ihr umzugehen, die fehlende Zufriedenheit mit und mangelnde Liebe zu ihr auszudrücken: ihr den gewünschten Respekt zu verweigern. Mein Nachbar, der Steuereinnehmer, ist der Mann, mit dem ich fertig werden muss – denn es sind Menschen, nicht Aktenpapier, mit denen ich mich auseinandersetze –, er hat freiwillig die Wahl getroffen ein ausführendes Organ des Staates zu werden. Wie soll er je erfahren, was er darstellt und was er als Beamter der Regierung tun muss, oder vielleicht auch als Mensch, solange er nicht zu der Entscheidung gezwungen ist, ob er mich, seinen achtbaren Nachbarn, auch als Nachbarn und ordentlichen Menschen behandeln will oder als einen Verrückten und Friedensstörer. Wie soll er das reflektieren, solange er sich nicht bemühen muss, mich über solche Hindernisse hinweg gutnachbarlich zu behandeln, ohne sein Tun mit unhöflichen und barschen Gedanken und Worten zu begleiten?

Ich weiß ganz genau, wenn nur tausend Menschen, wenn hundert, zehn, ja sogar nur *ein einziger aufrechter Mann* im Staate Massachusetts, weil er keine Sklaven mehr halten will, dem Staat seine Unterstützung verweigert und dafür ins Gefängnis gesperrt würde: Es wäre das Ende der Sklaverei in Amerika. Denn es macht nichts aus, wie gering die Anfänge zu sein scheinen. Was einmal wohlgetan ist, ist für immer getan. Aber wir lieben es viel mehr, nur darüber zu reden; das, sagen wir, sei unsere Aufgabe. Diese Art der Reform treibt zahlreiche Zeitungen an, aber keinen einzigen Menschen.

Wenn mein geschätzter Nachbar, der Abgesandte des Staates[14] der seine Tage einer Einigung in der Frage der Menschenrechte in der Gesetzeskammer widmet, nicht bloß mit dem Gefängnis

---

[14] *Gemeint ist Samuel Hoar (1778-1856), ein Politiker aus Massachusetts.*
Er setzte sich für die Belange freigelassener Sklaven in den Südstaaten ein.

irgendwo unten in Carolina bedroht wäre, sondern stattdessen einmal in Massachusetts eingekerkert würde, dann würde in diesen Winter die Angelegenheit wohl nicht erneut links liegen gelassen. Hier in diesem Staat, der ach so bestrebt ist, die Sünde der Sklaverei auf seinen Bruderstaat abzuschieben – obgleich man offiziell als Streitgrund nicht mehr entdecken möchte als einen Mangel an Gastfreundschaft.

Unter einer Regierung, die Menschen zu Unrecht einsperrt, ist der wahre Platz für einen rechtschaffenen Menschen das Gefängnis. Der rechte Platz, der einzige, den Massachusetts seinen freieren und weniger kleinmütigen Geistern anzubieten hat, ist eben das Gefängnis, wo sie von Staats wegen ausgesetzt und ausgeschlossen werden, nachdem die sich durch ihre Grundsätze schon selbst ausgeschlossen haben. Der entflohene Sklave, der auf Bewährung entlassene mexikanische Kriegsgefangene und der Indianer mit seinen Anklagen gegen das Unrecht, das man seinem Stamm zugefügt hat: hier findet man sie, im Gefängnis; auf diesem abge-schiedenen, aber freieren und ehrbareren Boden, wohin der Staat jene hinbringt, die nicht mit ihm, sondern gegen ihn sind – das einzige Haus in einem Sklavenstaat, das ein freier Mann in Ehren bewohnen kann. Wenn manche denken, dass sie dort ihren Einfluss verlieren, dass ihre Stimme das Ohr des Staates nicht mehr erreicht, wenn sie glauben, dass ihre Gefangenschaft innerhalb dieser Mauern unwirksam wäre – dann unterschätzen sie, um wie viel die Wahrheit stärker ist als der Irrtum und um wie viel überzeugender und wirkungsvoller sie die Ungerechtigkeit bekämpfen können, wenn sie sie nur ein bisschen an sich selbst erfahren haben.

Lege in deine Stimme dein ganzes Gewicht, wirf nicht nur einen Papierzettel, sondern alles was du hast, in die Waagschale. Eine Minderheit ist machtlos, wenn sie sich der Mehrheit anpasst; sie ist dann noch nicht einmal eine Minderheit. Unwiderstehlich aber ist sie, wenn sie ihr ganzes Gewicht einsetzt. Vor die Wahl gestellt, ob er alle anständigen Menschen ins Gefängnis stecken oder Krieg und Sklaverei aufgeben soll, wird der Staat mit seiner Entscheidung nicht lange zögern. Wenn tausend Menschen dieses Jahr keine Steu-ern bezahlen würden, so wäre das kein blutiger Akt – das wäre es nur, wenn sie ihre Steuern zahlten und damit dem Staat erlauben, Brutalitäten zu begehen und unschuldiges Blut zu vergießen.

Das erstere ist genau das, was wir unter einer friedlichen Revolution verstehen – soweit sie möglich ist. Wenn nun aber – wie es vorkam – der Steuereinnehmer oder irgendein anderer Beamter mich fragt: »Was soll ich denn jetzt tun?« so ist meine Antwort: »Wenn du wirklich etwas beitragen möchtest, dann lege dein Amt nieder. Wenn erst einmal der Untertan den Gehorsam verweigert und der Beamte sein Amt niederlegt, dann hat die Revolution ihr Ziel erreicht. Doch selbst wenn wir annehmen, dass dabei auch Blut vergossen werden müsste: Wird denn nicht auch eine Sorte Blut vergossen, wenn das Gewissen verletzt wird?

Durch diese Wunde verliert ein Mann das wahre Menschentum und seine Unsterblichkeit, und er verblutet zu immer während Tod. Heute sehe ich dieses Blut fließen.

Ich habe gefunden, dass man den Gesetzesbrecher lieber einsperrt, anstatt seinen Besitz zu beschlagnahmen – obgleich beides den Strafzweck erfüllen würde –, weil diejenigen, welche das reinste Recht vertreten und daher für einen verdorbenen Staat die größte Gefahr darstellen, sich meistens nicht viel Zeit zur Ansammlung von Besitztümern genommen haben. Das Staatswesen bringt solche Menschen nur geringen Nutzen, da wird dann schon eine bescheidene Steuer unmäßig scheinen, besonders wenn sie durch zusätzliche Arbeit mit den eigenen Händen aufgebracht werden muss.

Wenn es einen Menschen gäbe, der gänzlich ohne den Gebrauch des Geldes lebte, würde wohl selbst der Staat zögern, es von ihm einzufordern. Aber der reiche Mann – ich will keine persönlichen Vergleiche ziehen –, der reiche Mann verkauft sich immer an jene Institution, die ihn reich macht. Grundsätzlich gesprochen: Je mehr Geld, je weniger Tugend! Denn das Geld schiebt sich zwischen einen Menschen und seine Ziele, und es erreicht sie für ihn. Es zu erlangen erfordert keine große Tapferkeit. Es unterdrückt viele Fragen, die zu beantworten man andernfalls schuldig gewesen wäre; während die einzige neue Frage, die es aufwirft, die schwere, aber überflüssige Frage ist: wie man es wohl ausgeben solle. So wird einem der moralische Grund unter den Füßen weggezogen. Die

Möglichkeiten des Lebens werden im gleichen Maße vermindert als jene Geldmittel vermehrt werden.

Das Beste, was ein Reicher für seinen Charakter tun kann, ist danach zu streben, die Lebenseinstellungen zu entfalten, die er hatte, als er noch arm war. Christus gab den Häschern des Herodes die richtige Antwort[15]: »Zeigt mir einen Steuergroschen!« sagte er – und zog eine Münze aus seiner Tasche. Wenn ihr Geld mit dem Bildnis des Kaisers benutzt, dem er Wert gegeben und das er in Umlauf gesetzt hat, also, wenn ihr Staatsbürger seid und gerne die Vorteile seiner Regierung genießt, dann zahlt ihm auch etwas von seinem Eigentum zurück, wenn er es verlangt: »So gebet dem Kaiser, was des Kaisers ist, und Gott, was Gottes ist« – und damit waren sie genauso schlau wie zuvor und wussten nicht, wem was zustand; weil sie es auch gar nicht wissen wollten.

Sogar wenn ich mich mit den freiesten meiner Nachbarn unterhalte, stelle ich fest: Was auch immer sie über die Bedeutung und den Ernst der Frage, und über ihre Sorge um den Gemeinfrieden sagen mögen – die Sache läuft darauf hinaus, dass sie auf den Schutz der bestehenden Regierung nicht verzichten mögen und sich vor den Folgen des Ungehorsams für ihr Eigentum und ihre Familie fürchten. Ich für meinen Teil möchte nicht daran denken, dass ich mich jemals auf den Schutz des Staates verlassen müsste.

Jedoch, sobald ich die Autorität des Staates missachte, wenn er seinen Steuerbescheid vorlegt, wird er kurzum mein Eigentum nehmen und verschwenden und mich und meine Kinder ohne Ende traktieren. Das ist hart. Das macht es dem Menschen unmöglich, zugleich ehrenvoll und in komfortablen Umständen zu leben. Es lohnt sich eben nicht, Eigentum zu erwerben, es würde sehr bald wieder verloren sein. Du musst irgendwo taglöhnern oder pachten, musst eine möglichst kleine Ernte einfahren und sie schnell verzehren. Du musst für dich allein leben, dich nur auf dich selbst verlassen, immer das Bündel gepackt haben und bereit sein, fortzugehen, und darfst nicht zu viele Geschäfte laufen haben. Es

---

[15] *Matthäus 22, 16-22*

kann einer auch in der Türkei reich werden, wenn er in jeder Hinsicht ein guter Untertan der türkischen Regierung ist.

Konfuzius sagte: »Wenn ein Staat nach den Prinzipien der Vernunft regiert wird, sind Armut und Elend eine Schande, wenn ein Staat nicht nach den Prinzipien der Vernunft regiert wird, sind Reichtum und Ehre eine Schande.«[16] Nein: solange ich nicht den Schutz des Staates Massachusetts, in einem entfernten südlichen Hafen auf mich ausgedehnt sehen will, in dem meine Freiheit in Gefahr ist, oder solange ich nicht ausschließlich darauf aus bin, mir hier durch friedliche Unternehmungen ein Vermögen aufzubauen, solange kann ich es mir leisten, Massachusetts und seinem Recht auf mein Eigentum und mein Leben die Gefolgschaft zu verweigern. Mich kostet es in jeder Hinsicht weniger, die Strafe für Ungehorsam gegen den Staat anzunehmen, als wenn ich gehorchen würde. Im zweiten Fall käme ich mir wertloser vor.

Vor ein paar Jahren trat der Staat im Namen der Kirche an mich heran und befahl, ich sollte eine bestimmte Summe für die Unterstützung des Pfarrers zahlen, dessen Predigten mein Vater besuchte, ich aber nie. »Zahle«, wurde mir gesagt, »oder du wirst ins Gefängnis gesperrt. Ich lehnte es ab zu zahlen. Unglücklicherweise hielt es jemand für richtig, statt meiner zu zahlen. Ich kann nicht einsehen, warum ein Lehrer besteuert werden sollte, um den Pfarrer zu unterhalten, statt umgekehrt der Pfarrer den Lehrer. Ich meinerseits war kein staatlicher Lehrer, sondern finanzierte mich durch privaten Unterricht.

Ich konnte nicht einsehen, warum das Gymnasium nicht seine Steuerrechnung präsentieren und sich dann vom Staat unterstützen lassen sollte, genau wie die Kirche. Auf Bitten der Stadträte ließ ich mich bewegen, eine schriftliche Erklärung der folgenden Art abzugeben: »Hiermit gebe ich, Henry Thoreau bekannt, dass ich nicht als Mitglied irgendeiner Vereinigung angesehen werden will, in die ich nicht eingetreten bin«. Diese Erklärung gab ich dem Stadtsekretär, und der hat sie jetzt. Nachdem er begriffen hatte, dass ich mich nicht als Mitglied dieser Kirche ansah, hat der Staat nie wieder eine

---

[16] *Gespräche des Konfuzius 8, 13*

ähnliche Forderung an mich gerichtet, obgleich er erklärte, dass er sich weiterhin an die ursprüngliche Annahme halten müsse. Wenn ich sie nur benennen könnte, würde ich systematisch aus allen Gesellschaften austreten, in die ich nie eingetreten bin. Aber man weiß ja nicht, wo eine vollständige Liste zu finden ist.

Sechs Jahre lang habe ich keine Kopfsteuer bezahlt. Einmal wurde ich deshalb für eine Nacht ins Gefängnis gesteckt. Wie ich so da stand und mir die massiven Steinmauern betrachtete, die zwei oder drei Fuß dick waren, die Tür aus Holz und Eisen – einen Fuß dick – und das Eisengitter, welches das Licht siebte, kam mir die ganze Dummheit dieser Institution schlagend zum Bewusstsein – die mich so behandelte, als wäre ich lediglich ein Haufen aus Fleisch, Blut und Knochen, etwas, das man wegschließen kann.

Ich frage mich, ob sie nun zu dem Schluss gekommen waren, dieses sei der beste Zweck, dem ich zugeführt werden könnte, und ob sie nie daran gedacht hatten, sich meiner guten Dienste zu versichern. Ich erkannte: Wenn zwischen mir und meinen Mitbürgern auch eine Mauer war, so war die Mauer, die sie überklettern oder durchbrechen müssten, um so frei zu sein, wie ich es war, noch schwieriger zu überwinden. Nicht einen Augenblick lang fühlte ich mich eingesperrt, und diese Mauern schienen mir eine große Verschwendung von Stein und Mörtel zu sein. Ich fühlte mich, als hätte ich als einziger unter meinen Mitbürgern die Steuer tatsächlich bezahlt.

Ganz offensichtlich wussten sie nicht, wie sie mich behandeln sollten und benahmen sich wie schlecht erzogene Leute. In jeder ihrer Drohungen und in jeder ihrer Höflichkeiten steckte ein dummes Missverständnis; sie dachten nämlich, mein größter Wunsch wäre es, auf der anderen Seite dieser Mauer zu stehen. Ich musste darüber lächeln, mit welchem Fleiß sie die Tür hinter meinen Betrachtungen abschlossen, die ihnen doch hinaus folgten, ohne Netz und Hindernis – und diese Gedanken waren doch in Wirklichkeit die eigentliche Gefahr! Da sie mich nicht fassen konnten, beschlossen sie, meinen Körper zu bestrafen; wie kleine Jungen, die, weil sie eine Wut auf jemanden haben, dessen Hund misshandeln. Ich sah, dass der Staat schwach an Geist war, dass er ängstlich war wie eine alleinstehende Frau mit ihren Silberlöffeln, und dass er nicht seine Freunde von seinen Feinden unterscheiden konnte. Ich verlor den letzten Respekt vor ihm und bedauerte ihn.

Auf diese Weise konfrontiert sich der Staat nie mit dem inneren Wesen eines Menschen, sei es intellektuell oder moralisch, sondern nur mit seinem Körper, seinen Sinnen. Er verfügt weder über größere Vernunft noch Ehrlichkeit sondern nur über die größere physische Gewalt. Ich bin nicht für den Zwang geboren. Ich werde nach meiner Art atmen. Wir wollen doch sehen, wer stärker ist. Was für eine Macht hat die Masse? Nur jene wenigen können mich zwingen, die einem höheren Gesetz folgen als ich. Sie bringen mich dazu, so wie sie zu werden. Aber ich habe noch nie gehört, dass ein Mensch von einer Menschenmasse gezwungen werden konnte – was wäre das denn für eine Art von Leben?

Wenn ich einer Regierung begegne, die zu mir sagt: »Dein Geld oder dein Leben!« – warum sollte ich mich beeilen, ihr mein Geld zu geben? Sie mag in einer großen Klemme sein und nicht wissen, was zu tun ist; ich kann ihr nicht helfen. Sie möge sich selbst helfen; genau wie ich das tue. Es verlohnt nicht einer Minute, sie zu bejammern, ich bin für den erfolgreichen Betrieb der Gesellschaftsmaschine nicht verantwortlich. Ich bin nicht der Sohn des Maschinenbauers. Ich beobachte: Wenn ein Ahornsamen und eine Kastanie nebeneinander zu Boden fallen, dann verhält sich die eine nicht still, um der anderen Platz zu machen, sondern beide folgen ihren eigenen Gesetzen, und sprießen und wachsen und blühen, so gut sie können, bis vielleicht die eine die andere überschattet und zugrunde richtet. Wenn eine Pflanze nicht nach ihrer Art leben kann, so stirbt sie. Dem Menschen geht es ebenso.

Die Nacht im Gefängnis war eine neue und interessante Erfahrung. Als ich ankam, hielten die Gefangenen, die in Hemdsärmeln am Eingang standen, gerade ein Plauderstündchen in der Abendluft. Aber der Gefängniswärter sagte: »Los, Jungs, es ist Zeit zum Einschließen«. Sie zerstreuten sich, und ich hörte das Geräusch der Schritte, wie sie in ihre kahlen Zimmer zurückkehrten. Mein Zellengenosse wurde mir vom Wärter als ein »prima Bursche und schlauer Kerl« vorgestellt. Als die Tür verschlossen war, erklärte er mir, wo ich meinen Hut aufhängen könne und wie er sonst alle Dinge eingerichtet hatte. Die Räume wurden einmal im Monat gekalkt; und dieses hier war wohl die weißeste, am simpelsten eingerichtete und adretteste Wohnung der ganzen Stadt.

Er wollte natürlich wissen, wo ich herkäme und was mich hier hineingebracht hätte; und als ich ihm das erzählt hatte, fragte ich ihn meinerseits, wie er denn hergekommen wäre, voraussetzend, dass er ein ehrlicher Kerl sei – und wie das Leben so spielt: er schien tatsächlich einer zu sein. »Warum? Sie beschuldigen mich«, sagte er, »ich hätte eine Scheune angezündet; dabei habe ich es niemals getan.« Soweit ich herausfinden konnte, hatte er sich wahrscheinlich betrunken in einer Scheune schlafen gelegt, mit seiner qualmenden Pfeife; und so war die Scheune abgebrannt. Er hatte den Ruf, ein gewitzter Mann zu sein, er wartete schon drei Monate auf seine Verhandlung und musste wohl noch einmal ebenso lange darauf warten; aber er war ganz zahm und auch zufrieden, da er gratis Kost und Logis erhielt, und er fühlte sich ganz gut behandelt.

Er belegte das eine Fenster mit Beschlag und ich das andere; offenbar würde es die Hauptbeschäftigung sein, aus dem Fenster zu sehen, wenn man sich hier länger aufhielt. Ich hatte bald alles Gedruckte gelesen, das herumlag, hatte die Stellen besichtigt, wo frühere Gefangene ausgebrochen waren und wo ein Gitter abgesägt worden war, und hörte Geschichten über die verschiedenen Ex-Zelleninsassen; so lernte ich, dass es auch hier Geschichten und Gerüchte gab, die außerhalb der Gefängnismauern wohl nie in Umlauf kamen. Vielleicht ist dies das einzige Haus in der ganzen Stadt, in dem Lieder komponiert, aufnotiert und von Hand zu Hand weitergegeben, aber nie veröffentlicht werden. Man zeigte mir eine ziemlich lange Liste von Männern, die bei einem Fluchtversuch gefasst worden waren, und nun sozusagen zur Vergeltung ihre Lieder sangen.

Ich quetschte meinen Mitgefangenen aus, so gut ich konnte, denn ich fürchtete, ich würde ihn nie wiedersehen; aber schließlich zeigte er mir mein Bett und sagte, ich solle die Lampe ausblasen.

Dort für diese eine Nacht zu liegen war wie die Reise in ein fernes Land, das ich nie zu erleben erwartet hatte. Mir schien es, als hätte ich die Turmuhr noch niemals zuvor schlagen hören, und auch nicht die abendlichen Geräusche des Ortes; wir schliefen nämlich bei geöffnetem Fenster, innerhalb der Aussenmauer. Es war, als würde ich meinen Heimatort im Licht des Mittelalters sehen – unser Flüsschen Concord hatte sich in den Rhein verwandelt, und Visionen von Rittern und Burgen zogen an mir vorüber. Von den Straßen hörte ich die Stimmen der Alteingesessenen zu mir herein schallen.

Ich war der unfreiwillige Zuhörer und Zuschauer von allem, was in der Küche des anliegenden Gasthauses getan und gesprochen wurde – eine ganz neue und einzigartige Erfahrung für mich. Es war eine tiefere Einsicht in meine Heimatstadt, eine sehr intime Sicht. Niemals vorher hatte ich ihre öffentlichen Einrichtungen, wie das Gefängnis, gesehen. Es ist ja eine sehr spezielle Einrichtung, denn wir sind hier in einer Kreisstadt. Ich begann zu verstehen, was ihre Einwohner umtrieb.

Am Morgen schob man unser Frühstück durch ein Loch in der Tür, in kleinen, gerade noch hindurch passenden, länglich-viereckigen Blechnapfen. Sie enthielten etwa einen halben Liter Trinkschokolade, dunkles Brot und einen eisernen Löffel. Als sie die Schüssel später zurück haben wollten, war ich Frischling drauf und dran, mein übrig gebliebenes Brot zurückzugeben, aber mein Zellengenosse konfiszierte es und sagte, ich solle es für das Mittag- oder Abendessen aufheben. Bald danach holte man ihn hinaus, damit er auf einem benachbarten Feld beim Heumachen half; dorthin ging er jeden Tag und kam erst gegen Mittag zurück; also wünschte er mir einen guten Tag und ging. Er glaube nicht, sagte er, mich wiederzusehen.

Als ich aus dem Gefängnis kam – denn jemand bürgte für mich und zahlte die Steuer –, konnte ich im allgemeinen keine großen Veränderungen bemerken – nicht wie jemand, der als Jüngling weggesperrt wurde und als grauhaariger Greis wieder herauskam; und doch hatte sich das Bild in meinen Augen verwandelt – das ganze

Umfeld, die Stadt, der Staat, das Land, kamen mir stärker verändert vor, als es die Zeit alleine hätte bewirken können.

Deutlicher als zuvor erkannte ich den Staat, in dem ich lebte. Ich sah auch, inwieweit ich meinen Mitmenschen als guten Nachbarn und Freunden vertrauen konnte; dass nämlich ihre Freundschaft nur für Schönwetter taugte; dass sie nicht mit Kraft daran arbeiteten, das Rechte zu tun; dass sie durch ihre Vorurteile und ihren Aberglauben einer geradezu anderen Rasse als ich angehörten – so anders wie Chinesen oder Malayen. Dass sie in ihrem Einsatz für Menschlichkeit kein Opfer brachten, nicht einmal ein materielles; dass sie nicht gar so edelmütig waren, sondern den Dieb so behandelten wie er sie selbst behandelt hatte, und hofften, sie würden sich ihr Seelenheil mit Hilfe einiger Rituale und ein paar Gebeten erhalten; und dadurch, dass sie von Zeit zu Zeit auf einem penibel geraden, aber nutzlosen Weg wandelten. Vielleicht urteile ich zu hart über meine Nachbarn; denn ich glaube, dass viele von ihnen nicht einmal wissen, dass es so etwas wie ein Gefängnis in ihrem Ort gibt.

Früher war es Brauch in unserem Ort, dass ein armer Schuldner, der aus dem Gefängnis kam, von seinen Bekannten begrüßt wurde, die durch ihre gekreuzten Finger schauten, um die Gitter des Gefängnisses zu symbolisieren: »Guten Tag, wie geht's?« Meine Nachbarn begrüßten mich nicht in dieser Weise, sondern sahen zuerst mich, dann sich untereinander an, als ob ich von einer langen Reise wiedergekehrt wäre.

Ich war ins Gefängnis gesteckt worden, als ich gerade auf dem Weg zum Schuster war, um dort einen ausgebesserten Schuh abzuholen. Als ich am nächsten Morgen herauskam, setzte ich diesen Gang fort, zog meinen geflickten Schuh an und stieß zu einer Gruppe von Heidelbeersammlern, die schon ungeduldig darauf warteten, von mir angeführt zu werden. In einer halben Stunde – denn das Pferd war rasch angeschirrt – waren wir mitten in den Heidelbeeren auf einem unserer höchsten Hügel, zwei Meilen außerhalb, und vom Staat war nichts mehr zu sehen.

Das ist die ganze Geschichte »meiner Gefängnisse«.[17]

Ich habe mich nie geweigert, die Straßensteuer zu bezahlen, denn ich bin so gerne ein guter Nachbar wie ein schlechter Untertan. Was die Unterstützung der Schulen angeht, so leiste ich schon meinen Teil, um meine Landsleute zu unterrichten. Es ist nicht wegen eines bestimmten Postens auf dem Steuerbescheid, weswegen ich mich weigere, ihn zu bezahlen. Was ich will, ist schlicht: Dem Staat die Gefolgschaft verweigern, mich abseits und entschieden außerhalb seiner Reichweite stellen. Ich würde nicht verfolgen, welchen Weg mein Steuerdollar nimmt – wenn ich es denn könnte –, solange davon nicht ein Mann oder ein Gewehr gekauft wird, um jemanden zu erschießen. Der Dollar ist unschuldig; mich beschäftigen vielmehr die Folgen meiner Untertanentreue. Ja, ich erkläre dem Staat den Krieg, ruhig, wie es meine Art ist, obwohl ich nach wie vor von ihm profitiere und nach Kräften Vorteile aus ihm zu schlagen suche, wie es in so einem Fall üblich ist.

Wenn andere aus Sympathie für den Staat einspringen und die von mir geforderten Steuern begleichen, dann tun sie nur, was sie in ihrem eigenen Fall bereits getan haben, oder vielmehr, sie leisten der Ungerechtigkeit noch weiter Vorschub, als der Staat verlangt. Wenn sie die Steuer aufgrund einer unangebrachten Anteilnahme am Besteuerten zahlen, um seinen Besitz zu schützen oder um zu verhindern, dass er ins Gefängnis muss, so nur, weil sie nicht bedacht haben, wie weit sie mit ihren privaten Gefühlen dem öffentlichen Wohl in die Quere kommen.

So ist also meine gegenwärtige Lage. Aber man kann in so einem Fall nicht wachsam genug sein, damit die Handlungen nicht durch Starrsinnigkeit oder durch eine unangemessene Rücksicht auf die Meinung der Menschen beeinflusst werden. Man muss zusehen, dass man nur tut, was einem selbst und der Stunde angemessen ist.

Manchmal denke ich: Ja, diese Leute wollen schon das Gute, sie sind nur unwissend; sie würden besser handeln, wenn sie nur wüss-

---

[17] *Anspielung auf das Buch ›Le Mie Prigioni‹ (›Meine Gefängnisse‹) des italienischen Schriftstellers Silvio Pellico (1789-1854), der wegen politischer Aktivitäten sechs Jahre in den venezianischen Gefängnissen einsaß.*

ten, wie. Warum bringt man seine Nachbarn in diese Zwickmühle, dass sie dich anders behandeln müssen, als sie möchten? Aber dann denke ich wieder, das ist kein Grund, dass ich so handeln sollte wie sie, oder es zulassen sollte, dass andere viel größeren Schmerz anderer Art erleiden. Nochmal: Manchmal sage ich zu mir selbst, ›Wenn viele Millionen Menschen ohne Zorn, ohne bösen Willen, ohne irgendwelche persönlichen Gefühle nur ein paar Schillinge von dir verlangen, ohne die Möglichkeit – gemäß ihrer Verfassung – ihren Anspruch zu ändern oder zurückzuziehen, und wenn du nicht die Möglichkeit hast, ebenfalls Millionen Menschen anzurufen – warum sich dann dieser überwältigenden rohen Kraft aussetzen?

Man widersteht doch auch der Kälte und dem Hunger, dem Wind und den Wellen, nicht mit solcher Sturheit; man unterwirft sich gelassen tausend ähnlichen Notwendigkeiten. Man hält seinen Kopf auch nicht ins Feuer. Aber eben in dem Maße, indem ich sie nicht nur als rohe Gewalt, sondern auch als menschliche Macht betrachte, und indem ich bedenke, dass diese millionenfache Beziehung eine Beziehung zu Millionen Menschen ist, nicht einfach wie zu rohen und unbelebten Sachen, sehe ich doch, dass ein Appell möglich ist; erstens unmittelbar, von ihnen an ihren Schöpfer, zweitens untereinander.

Wenn ich aber meinen Kopf freiwillig ins Feuer stecke, dann gibt es keinen Appell an das Feuer oder an den Schöpfer des Feuers, und ich bin nur selbst daran schuld. Wenn ich mich nur selbst davon überzeugen könnte, dass ich ein Recht habe, mit dem Zustand der Menschen zufrieden zu sein und sie entsprechend zu behandeln, nicht entsprechend meinen Anforderungen und Erwartungen an sie und mich selbst, dann sollte ich wie ein guter Muselmann und Fatalist danach streben, mit den Dingen zufrieden zu sein, wie sie sind, und sagen, es wäre der Wille Gottes. Und vor allem ist es ein Unterschied, diesem zu widerstehen oder einer rohen Gewalt oder Naturgewalt, denn diesem kann ich mit einiger Wirkung widerstehen, aber ich kann nicht erwarten, wie Orpheus die Natur der Felsen, Bäume und Tiere zu ändern.[18]

---

[18] *Orpheus gilt in der griechischen Sagenwelt als der König der Sänger. Seinem Spiel neigten sich die Bäume, wilde Tiere kamen zu ihm und die Felsen weinten.*

Ich möchte mit keinem Menschen und keinem Land Streit anfangen. Ich will kein Haarspalter, nicht spitzfindig sein oder mich für besser als meine Nachbarn hinstellen. Ich suche ja geradezu, möchte ich sagen, nach einer Ausrede, um mich den Gesetzen des Landes anzupassen. Ich bin wirklich bereit dazu, es zu tun. Allerdings habe ich Grund, sogar mir selbst in dieser Frage zu misstrauen. Jedes Jahr wenn der Steuereinnehmer vorbeischaut, finde ich mich sehr geneigt, die Taten und die Haltung der Bundesregierung und des Staates und den Geist der Bevölkerung zu überprüfen, um die Vorbedingungen für diese Konformität herauszufinden.

Wir sollen das Land wie unsere Eltern lieben
Und wenn wir je nachgeben
in unserer Liebe und unserem Fleiß, ihm Ehre zu tun,
Müssen wir die Folgen tragen, und die Seele lehren
die Belange von Gewissen und Religion,
Und nicht nach Herrschaft oder Vorteil streben.

[»We must affect our country as our parents,
And if at any time we alienate
Out love or industry from doing it honor,
We must respect effects and teach the soul
Matter of conscience and religion,
And not desire of rule or benefit.«][19]

Ich glaube fest, dass der Staat mir bald alle diese Sorgen abnehmen wird, und dann werde ich kein besserer Patriot mehr als meine Landsleute sein. Von unten betrachtet ist die Verfassung – bei all ihren Fehlern – sehr gut; das Gesetz und die Gerichte sind achtenswert; sogar der Staat und die amerikanische Regierung sind in vielerlei Hinsicht bewundernswerte und einzigartige Dinge, wie es auch viele beschrieben haben. Aber von einem höheren Standpunkt aus gesehen sind sie so, wie ich es beschrieben habe. Wer aber kann sagen, was sie von einem noch höheren und vom höchsten Standpunkt aus betrachtet wert sind, oder ob es sich überhaupt lohnt, sie zu betrachten oder über sie nachzudenken?

---

[19] *George Peele (1556-1596), ›The Battle of Alcazar‹, 2. Akt, 2. Szene*

Egal, die Regierung interessiert mich nicht besonders, und ich werde so wenig Gedanken an sie verwenden wie irgend möglich. Es sind nur wenige Momente, die ich unter einer Regierung lebe, selbst in dieser Welt. Wenn ein Mensch frei ist in seinen Gedanken, frei in seiner Phantasie und seiner Vorstellung, also in den Dingen, die dauerhaft sein Leben prägen, dann können törichte Machthaber oder Reformapostel ihm nie gefährlich in die Quere kommen.

Ich weiß, die meisten Menschen denken anders als ich; die aber, die ihr Leben aus Berufung dem Studium dieser oder ähnlicher Zusammenhänge widmen, sind mir am fernsten. Staatsmänner und Gesetzgeber leben so völlig innerhalb ihrer Institutionen, dass sie sie nie deutlich und unverschleiert erkennen können. Sie sprechen von einer dynamischen Gesellschaft, haben aber keinen Ruhepunkt außerhalb derselben. Sie mögen Männer mit Erfahrung und Urteil sein, sie haben zweifellos geistreiche und sogar nützliche Einrichtungen erfunden, für die wir ihnen aufrichtig danken; aber all ihr Verstand und ihre Brauchbarkeit bleiben innerhalb gewisser, nicht sehr ausgedehnter Grenzen. Sie pflegen zu vergessen, dass die Welt nicht von Politik und Nützlichkeit regiert wird. Webster[20] hinterfragt die Regierung nie wirklich, und deshalb kann er auch nicht glaubwürdig darüber reden. Seine Worte sind Weisheiten für diejenigen Abgeordneten, die nie eine tiefgreifende Reform der gegenwärtigen Regierung erwägen; in den Augen denkender Menschen und derjenigen, die Gesetze für lange Zeiten machen, berührt er seinen Gegenstand noch nicht einmal flüchtig. Ich kenne Menschen, deren ernste und weise Betrachtungen des Themas schnell die Grenzen seines Geistes und seiner Aufgeschlossenheit aufzeigen würden.

Dennoch, wenn man sie mit den billigen Kundgebungen der meisten Reformer und der noch schäbigeren Weisheit und Zungenfertigkeit der Politiker im allgemeinen vergleicht, sind seine Worte so ziemlich die einzig sinnvollen und brauchbaren, und wir danken dem Himmel für ihn. Verglichen mit anderen ist er immer klug,

---

[20] *Der Senator von Massachusetts, Daniel Webster (1782-1852) war ein berühmter Rechtsanwalt und Redner*

originell und vor allem verständlich. Sein Vorzug ist jedoch nicht Weisheit, sondern Besonnenheit. Die Wahrheit eines Advokaten ist nicht Wahrheit, sondern Widerspruchsfreiheit oder widerspruchsfreie Zweckmäßigkeit. Wahrheit ist immer mit sich selbst im Einklang, es geht ihr nicht hauptsächlich darum, zu beleuchten, welche rechtliche Konsequenz eine Übeltat hat.

Webster verdient den Beinamen, den man ihm gegeben hat: ›Verteidiger der Verfassung«. Er kann in Wirklichkeit keine Vorstöße unternehmen, er kann nur verteidigen. Er ist kein Anführer, sondern ein Gefolgsmann. Die eigentlichen Anführer sind die Männer von '87 [21]. »Ich habe nie eine Anstrengung unternommen«, sagt er, »und nie empfohlen, eine Anstrengung zu unternehmen, ich habe auch nie eine Anstrengung unterstützt, oder dies vorgehabt, um die ursprüngliche Übereinkunft zu stören, nach der die verschiedenen Staaten zu einer Union zusammenkamen.« Noch daran denkend, dass die Verfassung die Sklaverei billigt, sagt er: »Da es zu dem ursprünglichen Pakt gehört — belasst es dabei«. Ungeachtet seiner besonderen Geistesschärfe und Fähigkeiten ist er nicht in der Lage, einen Sachverhalt aus seinen bloßen politischen Beziehungen herauszunehmen und ihn vorbehaltlos und vernünftig zu betrachten — wie es etwa heute in Amerika hinsichtlich der Sklaverei erforderlich wäre. Statt dessen bemüht er sich, oder ist dazu getrieben, eine derart armselige Antwort wie die folgende zu geben und dabei noch zu behaupten, er spräche unabhängig und als Privatmann! Welche neuen und absonderlichen Verhaltensregeln würden sich daraus ableiten?

Er sagt: »Die Art und Weise, auf welche die Regierung der Staaten, in denen Sklaverei existiert, diese regelt, liegt in ihrem eigenen Ermessen, unter den Vorgaben ihrer Verfassung und den allgemeinen Gesetzen des Eigentumsrechts, der Menschlichkeit, der Gerechtigkeit und der Verantwortung gegenüber Gott. Vereinigungen, die anderswo aus einem Gefühl für Menschlichkeit oder aus anderen Gründen entstehen, geht das nicht das geringste an. Ich habe sie nie ermutigt und werde sie auch nie ermutigen.«

---

[21] *1787 wurde die Verfassung der Vereinigten Staaten unterzeichnet*

Es ist eben so: Diejenigen, welche keine reine Quelle der Wahrheit kennen, die ihre Spuren nicht weiter stromaufwärts verfolgt haben, bleiben aus gutem Grund bei der Bibel und der Verfassung stehen und schlürfen sie in Ehrerbietung und Demut. Aber diejenigen, welche sehen, wie die Wahrheit als dünnes Rinnsal in diesen See oder jene Pfütze einmündet, krempeln ihre Hosenbeine hoch und wandern weiter ihrem Ursprung entgegen.

Für die Gesetzgebung ist in Amerika kein Genie erschienen. Die findet man ohnehin selten in der Weltgeschichte. Es gibt Redner, Politiker und mundfertige Leute zu Tausenden. Aber der Redner hat seinen Mund noch nicht aufgemacht, der in der Lage wäre, die heftig umstrittenen Fragen dieser Tage zu klären. Wir schätzen die Beredsamkeit um ihrer selbst willen, nicht wegen irgendwelcher Wahrheiten, die sie vielleicht hervorbringen könnte, oder wegen eines Heldensinns, den sie vielleicht wecken könnte. Unsere Volksvertreter haben den Wert des freien Handels, der Freiheit, der Gemeinschaft und der Rechtschaffenheit für eine Nation noch nicht schätzen gelernt. Sie haben noch nicht einmal Talent oder Verstand, um verhältnismäßig anspruchslose Fragen der Besteuerung, des Geldwesens, des Handels, der Industrie und Landwirtschaft zu lösen.

Wenn wir uns zu unserer Führung nur auf die wortreiche Schlauheit unserer Kongressabgeordneten verlassen wollten, ohne dies durch die abgeklärte Erfahrung und nachdrückliche Beschwerden des Volkes in die rechten Bahnen zu lenken, dann würde Amerika seinen Rang unter den Nationen nicht lange behalten. Achtzehnhundert Jahre – vielleicht habe ich kein Recht, das zu sagen – hat man am Neuen Testament geschrieben. Wo aber ist der Volksvertreter, der genug Weisheit und Talent besitzt, sich durch das Licht, das es auf die Wissenschaft der Gesetzgebung wirft, erhellen zu lassen?

Die Autorität der Regierung, selbst jener Regierung, der ich mich bereitwillig unterwerfen würde – denn ich gehorche leichten Herzens denen, die mehr wissen und besser handeln als ich; und in vielen Dingen selbst denen, die weder so gut wissen noch handeln können –, diese Autorität ist immer unvollkommen: Um nämlich unbedingt gerecht zu sein, muss sie die Vollmacht und Zustimmung aller Regierten haben. Sie kann kein umfassendes Recht über mich und mein Eigentum haben, sondern nur soweit ich zustimme.

Der Fortschritt von einer absoluten zu einer eingeschränkten Monarchie und von einer eingeschränkten Monarchie zu einer Demokratie ist ein Fortschritt hin zum wahren Respekt vor dem Individuum. Selbst der Chinesische Philosoph[22] war weise genug, das Individuum als die Grundlage des Reiches zu betrachten. Ist eine Demokratie, wie wir sie kennen, die letztmögliche Verbesserung der Regierungsform? Ist es nicht möglich, noch einen Schritt weiter zu gehen, wenn es um das Anerkennen und Organisieren der Rechte des Menschen geht? Es wird nie einen freien und wirklich aufgeklärten Staat geben, solange sich der Staat nicht bequemt, das Individuum als größere und unabhängige Macht anzuerkennen, von welcher all seine Macht und Autorität abgeleitet sind, und solange er den Einzelnen nicht dementsprechend behandelt.

Ich mache mir das Vergnügen, mir einen Staat wenigstens vorzustellen, der es sich leisten kann zu allen gerecht zu sein, und der den Einzelnen mit Respekt als einen Nachbarn behandelt; einen Staat, der es nicht einmal für unvereinbar mit seinem inneren Frieden hielte, wenn einige ihm fernblieben, sich nicht mit ihm einließen, ohne seine Einmischung und Umarmung, solange sie nur alle Pflichten als Nachbarn und Mitbürger erfüllten. Ein Staat, der solche Früchte trägt und sie freigibt, sobald sie reif sind, würde den Weg für einen noch besseren und ruhmreicheren Staat bereiten – einen Staat, den ich mir gut vorstellen kann, den ich bisher aber nirgendwo angetroffen habe.

---

[22] *Gemeint ist Konfuzius*

~ ENDE ~

Dieses Buch gibt es auch als eBook, z. B. im amazon Kindle Bookstore